The Halloween Dragon And Other Bilingual Spanish-English Halloween Stories for Kids

Pomme Bilingual

Published by Pomme Bilingual, 2024.

While every precaution has been taken in the preparation of this book, the publisher assumes no responsibility for errors or omissions, or for damages resulting from the use of the information contained herein.

THE HALLOWEEN DRAGON AND OTHER BILINGUAL SPANISH-ENGLISH HALLOWEEN STORIES FOR KIDS

First edition. October 5, 2024.

Copyright © 2024 Pomme Bilingual.

ISBN: 979-8224671496

Written by Pomme Bilingual.

Table of Contents

El monstruo del armario

Era una noche oscura y ventosa. Lucas, un niño de ocho años, estaba en su habitación, sintiéndose un poco solo. Mientras miraba por la ventana, escuchó un ruido extraño que venía de su armario. Era un sonido suave, como un susurro. Curioso, se acercó y, con un empujón, abrió la puerta del armario.

"¡Sorpresa!" gritó una voz amigable. De entre la ropa colgante salió un pequeño monstruo de color verde brillante. Tenía grandes ojos amarillos y una sonrisa enorme.

"Hola, soy Blinky, el monstruo del armario. ¡Me encanta asustar a la gente, pero solo de manera divertida!" dijo el monstruo, haciendo una pirueta en el aire.

Lucas se rió. "No me asustaste, Blinky. Eres más divertido que aterrador."

Blinky estaba emocionado. "¡Perfecto! Este Halloween, deberíamos hacer una fiesta. ¡Puedo ayudar a asustar a todos los invitados de forma divertida!"

"¡Eso suena genial!" dijo Lucas. "Podemos invitar a mis amigos y hacer la mejor fiesta de Halloween del vecindario."

Juntos, comenzaron a hacer planes. Blinky sugería juegos como "¿Dónde está el monstruo?" y "Susto de la piñata", donde las piñatas tendrían sorpresas graciosas en lugar de dulces.

A medida que se acercaba la noche de Halloween, Lucas y Blinky se pusieron a trabajar. Decoraron la habitación con telarañas de papel, globos con forma de calabaza y luces parpadeantes. Blinky hizo una gran calabaza con ojos brillantes que podía hacer ruidos divertidos.

El día de la fiesta, Lucas estaba muy emocionado. Pero, de repente, se dio cuenta de que habían olvidado comprar los bocadillos. "¡Oh no, Blinky! No tenemos nada para comer."

"No te preocupes," dijo Blinky con una sonrisa traviesa. "Yo tengo un par de trucos bajo la manga."

Cuando los amigos de Lucas llegaron, Blinky decidió usar sus habilidades. "¡Sorpresa! ¡Snackos voladores!" gritó mientras lanzaba pequeñas golosinas que se transformaban en globos.

Sin embargo, las golosinas comenzaron a volar por toda la habitación, y los niños empezaron a reírse y a correr tras ellas. Pero en medio de la diversión, Blinky accidentalmente derribó la gran calabaza, que empezó a hacer ruidos extraños y girar por el suelo.

La habitación se llenó de risas y gritos de sorpresa mientras los niños intentaban atrapar los globos y evitar la calabaza loca. Lucas y Blinky se miraron y comenzaron a reírse juntos.

Al final de la noche, todos estaban cansados, pero felices. "Esta fue la mejor fiesta de Halloween de todas," dijo uno de los amigos de Lucas.

"Y todo gracias al monstruo del armario," agregó Lucas, abrazando a Blinky.

Blinky sonrió con orgullo. "Prometo que siempre seré tu monstruo del armario y que cada Halloween será más divertido que el anterior."

3

The Monster in the Closet

It was a dark and windy night. Lucas, an eight-year-old boy, was in his room, feeling a little lonely. While looking out the window, he heard a strange noise coming from his closet. It was a soft sound, like a whisper. Curious, he approached and, with a push, opened the closet door.

"Surprise!" shouted a friendly voice. Out from among the hanging clothes came a small bright green monster. He had big yellow eyes and a huge smile.

"Hi, I'm Blinky, the closet monster. I love to scare people, but only in silly ways!" said the monster, doing a little twirl in the air.

Lucas laughed. "You didn't scare me, Blinky. You're more fun than scary."

Blinky was excited. "Perfect! This Halloween, we should have a party. I can help scare all the guests in a fun way!"

"That sounds great!" said Lucas. "We can invite my friends and make the best Halloween party in the neighborhood."

Together, they began to make plans. Blinky suggested games like "Where's the Monster?" and "Piñata Scare," where the piñatas would have funny surprises instead of candy.

As Halloween approached, Lucas and Blinky got to work. They decorated the room with paper spider webs, pumpkin-shaped balloons, and flashing lights. Blinky made a big pumpkin with glowing eyes that could make funny noises.

On the day of the party, Lucas was very excited. But suddenly, he realized they had forgotten to buy snacks. "Oh no, Blinky! We have nothing to eat."

"Don't worry," said Blinky with a mischievous smile. "I have a few tricks up my sleeve."

When Lucas's friends arrived, Blinky decided to use his skills. "Surprise! Flying snacks!" he shouted as he launched little treats that turned into balloons.

However, the treats began to fly all over the room, and the children started laughing and chasing after them. But in the middle of the fun, Blinky accidentally knocked over the big pumpkin, which began making strange noises and rolling around the floor.

The room filled with laughter and surprised screams as the kids tried to catch the balloons and avoid the crazy pumpkin. Lucas and Blinky looked at each other and started laughing together.

At the end of the night, everyone was tired but happy. "This was the best Halloween party ever," said one of Lucas's friends.

"And all thanks to the closet monster," added Lucas, hugging Blinky.

Blinky smiled proudly. "I promise I'll always be your closet monster and that every Halloween will be more fun than the last."

La casa encantada

Era la tarde de Halloween, y un grupo de cuatro amigos—Sofía, Miguel, Tomás y Valentina—se reunió en el parque. Hablaban sobre las leyendas del vecindario, y uno de los rumores más emocionantes era sobre una casa vieja y abandonada al final de la calle.

"Dicen que está encantada y que un fantasma vive allí," dijo Sofía con un guiño. "¿Por qué no vamos a investigar?"

"¿Un fantasma? ¡Eso suena aterrador!" dijo Tomás, temblando un poco.

"Vamos, no seamos gallinas," respondió Miguel. "Solo será una aventura."

Con linternas en mano, el grupo se dirigió a la casa. La puerta chirrió cuando la empujaron. Al entrar, el aire estaba frío y olía a polvo. Las paredes estaban cubiertas de telarañas, y los muebles estaban cubiertos con sábanas blancas.

"¿Alguien siente que nos están mirando?" preguntó Valentina, sintiendo un escalofrío.

"Es solo la casa," dijo Sofía, tratando de sonar valiente. "Vamos a buscar al fantasma."

Mientras exploraban la casa, oyeron un susurro suave. "¡Ayuda, ayuda!" decía la voz.

"¿Escucharon eso?" preguntó Miguel, asustado.

"Sí, ¡viene de la habitación de arriba!" respondió Tomás, señalando hacia la escalera oscura.

Los amigos subieron las escaleras lentamente. Al llegar a la habitación, encontraron un fantasma amigable flotando cerca de la ventana. "¡Hola! Soy el fantasma de la casa encantada. Necesito su ayuda."

"¿Qué te pasó?" preguntó Sofía, intrigada.

"Perdí mi disfraz de Halloween y sin él, no puedo celebrar. ¡Me gustaría que me ayuden a encontrarlo!" dijo el fantasma con una sonrisa triste.

Los amigos se pusieron manos a la obra. Buscaron en cada rincón de la casa. Miraron en los armarios polvorientos, detrás de los muebles cubiertos y en el sótano oscuro.

"¡Miren esto!" exclamó Valentina, levantando una sábanita vieja. "¡No es un disfraz, pero es algo!"

Mientras buscaban, el fantasma les contaba historias sobre cómo había vivido allí durante muchos años. A medida que se acercaba la noche, el grupo se dio cuenta de que se estaban divirtiendo, y el miedo inicial había desaparecido.

Finalmente, en una caja polvorienta en el ático, encontraron el disfraz del fantasma: una capa blanca con estrellas brillantes y una máscara que parecía una luna llena. "¡Lo encontré!" gritó Tomás emocionado.

"¡Gracias, amigos! Ahora puedo celebrar Halloween de verdad," dijo el fantasma, alegre y brillante.

Los amigos ayudaron al fantasma a ponerse su disfraz. De repente, la casa empezó a brillar con luces de colores y música. "¡Vamos a celebrar!" dijo el fantasma.

La casa encantada se transformó en un lugar festivo. Los amigos bailaron, rieron y disfrutaron de golosinas que el fantasma había preparado. Aquel Halloween se convirtió en la mejor aventura de sus vidas, y el miedo se convirtió en amistad.

Desde ese día, la casa dejó de ser un lugar aterrador y se convirtió en un hogar feliz para el fantasma y sus nuevos amigos.

The Haunted House

It was Halloween evening, and a group of four friends—Sofía, Miguel, Tomás, and Valentina—gathered in the park. They talked about the neighborhood legends, and one of the most exciting rumors was about an old abandoned house at the end of the street.

"They say it's haunted and that a ghost lives there," Sofía said with a wink. "Why don't we go investigate?"

"A ghost? That sounds scary!" said Tomás, shivering a bit.

"Come on, let's not be chickens," Miguel replied. "It'll just be an adventure."

With flashlights in hand, the group headed to the house. The door creaked as they pushed it open. Inside, the air was cold and smelled of dust. The walls were covered with cobwebs, and the furniture was draped with white sheets.

"Does anyone feel like we're being watched?" Valentina asked, feeling a chill.

"It's just the house," Sofía said, trying to sound brave. "Let's find the ghost."

As they explored the house, they heard a soft whisper. "Help, help!" the voice said.

"Did you hear that?" Miguel asked, scared.

"Yeah, it's coming from upstairs!" Tomás pointed to the dark staircase.

The friends slowly climbed the stairs. When they reached the room, they found a friendly ghost floating near the window. "Hello! I'm the ghost of the haunted house. I need your help."

"What happened to you?" Sofía asked, intrigued.

"I lost my Halloween costume, and without it, I can't celebrate. I would love it if you could help me find it!" the ghost said with a sad smile.

The friends got to work. They searched every corner of the house. They looked in dusty closets, behind covered furniture, and in the dark basement.

"Look at this!" Valentina exclaimed, lifting an old blanket. "It's not a costume, but it's something!"

As they searched, the ghost told them stories about how he had lived there for many years. As night approached, the group realized they were having fun, and their initial fear had vanished.

Finally, in a dusty box in the attic, they found the ghost's costume: a white cape with shining stars and a mask that looked like a full moon. "I found it!" Tomás shouted excitedly.

"Thank you, friends! Now I can celebrate Halloween for real," the ghost said, happy and glowing.

The friends helped the ghost put on his costume. Suddenly, the house began to shine with colorful lights and music. "Let's celebrate!" the ghost said.

The haunted house transformed into a festive place. The friends danced, laughed, and enjoyed treats that the ghost had prepared. That Halloween became the best adventure of their lives, and fear turned into friendship.

From that day on, the house ceased to be a scary place and became a happy home for the ghost and his new friends.

La calabaza mágica

Era un día soleado en el vecindario de Clara, una niña curiosa de diez años. Mientras paseaba por el mercado de pulgas, vio algo brillante entre los objetos antiguos. Al acercarse, descubrió una calabaza grande y hermosa, de un naranja brillante que parecía brillar con luz propia.

"¡Qué calabaza tan impresionante!" exclamó Clara. El vendedor, un anciano con una sonrisa misteriosa, le dijo: "Es una calabaza mágica. Te concederá tres deseos, pero ten cuidado con lo que pides."

Clara, emocionada, compró la calabaza sin pensar mucho en las advertencias.

Esa noche, Clara puso la calabaza en su habitación. Mientras la miraba, recordó las palabras del anciano. "¿Qué debería desear?" pensó. Después de meditarlo un poco, decidió que su primer deseo sería un enorme montón de dulces para compartir con sus amigos.

"¡Calabaza mágica, deseo un montón de dulces!" gritó emocionada.

En un abrir y cerrar de ojos, la calabaza comenzó a temblar y a brillar. De repente, ¡un mar de caramelos y golosinas cubrió su habitación!

Clara invitó a todos sus amigos a disfrutar de la lluvia de dulces. Sin embargo, el problema comenzó cuando los niños empezaron a correr y a comer dulces por todas partes. Las golosinas se esparcieron por el vecindario, y en cuestión de minutos, los perros del barrio estaban saltando y ladrando, tratando de atrapar los caramelos que caían del cielo.

"¡Esto se está volviendo un desastre!" gritó Clara, viendo cómo todos se volvían locos por los dulces.

Después de un rato, Clara decidió que debía hacer algo para arreglar el lío. "¡Necesito más tiempo para organizar todo! Calabaza mágica, deseo tener más tiempo para limpiar," dijo.

La calabaza brilló de nuevo, pero en lugar de darle tiempo, hizo que todo el mundo se quedara paralizado en el lugar. Los niños, los perros e incluso los adultos estaban congelados en posiciones ridículas, algunos con caramelos en la boca.

"¡Esto es peor!" pensó Clara, riendo a la vez que sentía un poco de culpa.

Al darse cuenta de que sus deseos habían causado un verdadero caos, Clara se sentó a pensar. "No puedo seguir así. Necesito arreglar esto de una vez. Calabaza mágica, deseo que todo vuelva a la normalidad y que la gente aprenda a ser responsable con los deseos," pidió con sinceridad.

La calabaza brilló intensamente y, en un instante, todos volvieron a la normalidad. Sin embargo, ahora todos se reían de lo que había pasado y comenzaron a limpiar juntos. Clara sonrió, dándose cuenta de que la verdadera magia estaba en compartir y ser responsable.

Desde ese día, Clara se volvió más sabia con sus deseos. Aprendió que, aunque la magia puede ser divertida, siempre hay que pensar en las consecuencias de lo que pedimos.

The Magic Pumpkin

It was a sunny day in Clara's neighborhood, where a curious ten-year-old girl lived. While wandering through a flea market, she saw something shiny among the old items. As she approached, she discovered a large, beautiful pumpkin, bright orange and seemingly glowing.

"What an impressive pumpkin!" Clara exclaimed. The vendor, an old man with a mysterious smile, said, "It's a magic pumpkin. It will grant you three wishes, but be careful what you wish for."

Excited, Clara bought the pumpkin without thinking much about the warnings.

That night, Clara placed the pumpkin in her room. As she looked at it, she remembered the old man's words. "What should I wish for?" she thought. After pondering a bit, she decided her first wish would be for a huge pile of sweets to share with her friends.

"Magic pumpkin, I wish for a mountain of sweets!" she shouted excitedly.

In the blink of an eye, the pumpkin began to shake and glow. Suddenly, a sea of candies and treats filled her room!

Clara invited all her friends to enjoy the candy shower. However, trouble began when the children started running around and eating sweets everywhere. The treats scattered throughout the neighborhood, and in minutes, the neighborhood dogs were jumping and barking, trying to catch the falling candies from the sky.

"This is turning into a disaster!" Clara yelled, watching as everyone went wild over the sweets.

After a while, Clara decided she needed to fix the mess. "I need more time to organize everything! Magic pumpkin, I wish for more time to clean," she said.

The pumpkin glowed again, but instead of giving her time, it made everyone freeze in place. The kids, the dogs, and even the adults were frozen in ridiculous poses, some with candies in their mouths.

"This is worse!" Clara thought, laughing while also feeling a bit guilty.

Realizing her wishes had caused real chaos, Clara sat down to think. "I can't keep going like this. I need to fix this once and for all. Magic pumpkin, I wish for everything to return to normal and for people to learn to be responsible with wishes," she sincerely asked.

The pumpkin glowed brightly, and in an instant, everyone returned to normal. However, now everyone was laughing at what had happened and began to clean up together. Clara smiled, realizing that the true magic was in sharing and being responsible.

From that day on, Clara became wiser with her wishes. She learned that, although magic can be fun, one must always think of the consequences of what we ask for.

El gato negro y el perro espeluznante

En un vecindario tranquilo, un gato negro llamado Luna y un perro llamado Toby vivían en casas contiguas. Luna era conocida por ser traviesa y siempre estaba buscando maneras de divertirse, mientras que Toby era un perro tímido y un poco asustadizo. Cuando se acercaba Halloween, Luna tuvo una idea brillante.

"¡Toby! ¡Vamos a asustar a nuestros dueños para Halloween!" dijo Luna con una sonrisa traviesa.

"Pero... no sé si eso sea una buena idea," respondió Toby, temblando un poco. "¿Y si nos regañan?"

"¡No te preocupes! Solo será un poco de diversión," le aseguró Luna.

Esa noche, mientras sus dueños decoraban para la fiesta de Halloween, Luna y Toby se prepararon. Luna se pintó las patas de negro y Toby se puso una máscara espeluznante que encontró en el jardín.

"¡Listo! Ahora solo necesitamos un plan," dijo Luna, sus ojos brillando con emoción. Juntos, comenzaron a hacer ruidos extraños y a saltar por el jardín. Pero en lugar de asustar a sus dueños, sus travesuras llamaron la atención de todos los vecinos.

Los vecinos salieron de sus casas, riendo y preguntándose qué estaba pasando. "¡Miren! ¡Es el gato negro y el perro espeluznante!" gritó una niña. En lugar de asustarse, la gente comenzó a animarlos, disfrutando de la diversión que estaban trayendo.

"¿Ves, Toby? ¡Todos están riendo!" dijo Luna, entusiasmada. Pero Toby aún se sentía incómodo y, sin querer, se tropezó con una caja llena de decoraciones de Halloween. Las calaveras, telarañas y globos volaron por el aire.

Con todo el desorden, los dueños de Luna y Toby decidieron unirse a la diversión. "¡Vamos a aprovechar esta locura y preparar una gran fiesta de Halloween!" dijo el dueño de Toby.

Luna y Toby miraron a sus dueños y se dieron cuenta de que, aunque habían intentado asustarlos, al final estaban ayudando a organizar una fiesta. Juntos, comenzaron a arreglar el jardín, colgando luces y decoraciones.

Esa noche, el jardín se llenó de risas, luces y dulces. Los vecinos se reunieron para la gran fiesta de Halloween. Luna y Toby se convirtieron en los héroes de la noche, aunque nunca lograron asustar a nadie.

"Creo que asustar no era la mejor idea después de todo," dijo Toby, sonriendo mientras disfrutaba de un trozo de pastel.

"¡Pero hicimos algo mejor! Ayudamos a crear la mejor fiesta de Halloween del vecindario," respondió Luna, feliz y satisfecha.

Desde ese día, Luna y Toby decidieron que cada Halloween sería especial. En lugar de asustar a la gente, se convertirían en los organizadores de la fiesta, trayendo alegría y risas a todos en el vecindario.

Así, el gato negro y el perro espeluznante se convirtieron en los mejores amigos y en los mejores anfitriones de Halloween, mostrando que la verdadera magia de la festividad estaba en la unión y la diversión.

The Black Cat and the Spooky Dog

In a quiet neighborhood, a black cat named Luna and a dog named Toby lived next door to each other. Luna was known for being mischievous and was always looking for ways to have fun, while Toby was a timid dog, a bit scared of everything. As Halloween approached, Luna had a brilliant idea.

"Toby! Let's scare our owners for Halloween!" Luna said with a mischievous grin.

"But... I'm not sure that's a good idea," Toby replied, trembling a bit. "What if we get scolded?"

"Don't worry! It will just be a bit of fun," Luna assured him.

That night, while their owners decorated for the Halloween party, Luna and Toby got ready. Luna painted her paws black, and Toby put on a spooky mask he found in the yard.

"Ready! Now we just need a plan," said Luna, her eyes shining with excitement. Together, they started making strange noises and jumping around the yard. But instead of scaring their owners, their antics attracted the attention of all the neighbors.

"Look! It's the black cat and the spooky dog!" shouted a little girl. Instead of getting scared, people began to cheer them on, enjoying the fun they were bringing.

The neighbors came out of their houses, laughing and wondering what was happening. "Look! It's the black cat and the spooky dog!" shouted a girl. Instead of being scared, the people began to cheer them on, enjoying the fun they were bringing.

"See, Toby? Everyone is laughing!" said Luna, excited. But Toby still felt uneasy and accidentally tripped over a box full of Halloween decorations. Skulls, spider webs, and balloons flew through the air.

With all the chaos, Luna and Toby's owners decided to join in the fun. "Let's take advantage of this madness and prepare a big Halloween party!" said Toby's owner.

Luna and Toby looked at their owners and realized that although they had tried to scare them, they were actually helping to organize a party. Together, they started tidying up the yard, hanging lights and decorations.

That night, the yard filled with laughter, lights, and candy. The neighbors gathered for the big Halloween party. Luna and Toby became the heroes of the night, even though they never managed to scare anyone.

"I guess scaring wasn't the best idea after all," Toby said, smiling as he enjoyed a slice of cake.

"But we did something better! We helped create the best Halloween party in the neighborhood," Luna replied, happy and satisfied.

From that day on, Luna and Toby decided that every Halloween would be special. Instead of scaring people, they would become the party organizers, bringing joy and laughter to everyone in the neighborhood.

Thus, the black cat and the spooky dog became the best of friends and the best Halloween hosts, showing that the true magic of the holiday lay in togetherness and fun.

El dragón de Halloween

En un reino lejano, había un pequeño dragón llamado Draki. A pesar de ser un dragón, Draki tenía miedo de volar. Sus amigos volaban alto en el cielo, jugando entre las nubes y soplando fuego de felicidad, mientras que él prefería quedarse en el suelo, observando con envidia.

"¡Vamos, Draki! ¡No te quedes ahí! ¡Vuela con nosotros!" le decían sus amigos, pero él siempre respondía: "¡No puedo! ¡Tengo miedo!"

Un día, el reino se preparaba para Halloween. Todos estaban emocionados por la gran fiesta, llena de caramelos y juegos. Sin embargo, un rumor comenzó a esparcirse por el reino: un villano llamado el Roba-Caramelos planeaba robar todos los dulces.

"Si no hacemos algo pronto, Halloween estará arruinado," dijo la Reina, con preocupación en su voz. "¡Necesitamos un héroe!"

Draki escuchó la conversación y su corazón latió más rápido. Quería ayudar, pero su miedo a volar lo detenía. Sin embargo, al ver a sus amigos preocupados, tomó una decisión.

"¡Voy a ayudar! Aunque tenga miedo, no puedo dejar que el Roba-Caramelos arruine Halloween," se dijo a sí mismo.

Draki se acercó a sus amigos y dijo: "¡Voy a intentar volar! Necesito que me ayuden." Sus amigos sonrieron y lo animaron.

Con un gran suspiro, Draki corrió hacia el borde de un acantilado.

"¡Uno, dos, tres!" gritó y saltó. Al principio, se sintió como si estuviera cayendo, pero recordó que tenía alas. Aleteó con todas sus fuerzas y, para su sorpresa, comenzó a elevarse en el aire.

Mientras volaba, Draki vio al Roba-Caramelos, que estaba llenando su bolsa con caramelos. "¡Detente!" gritó Draki, tratando de sonar valiente. El villano se dio la vuelta, sorprendido.

"¿Qué quieres, pequeño dragón?" dijo el Roba-Caramelos burlándose.

"No dejaré que robes los dulces de Halloween," respondió Draki, sintiendo una nueva confianza en sí mismo.

El Roba-Caramelos soltó un rayo de confusión que hizo que Draki se tambaleara en el aire. Sin embargo, el pequeño dragón recordó la importancia de Halloween y cómo todos se unían para celebrarlo. Luchando contra su miedo, Draki voló en círculos, lanzando caramelos que había recogido del suelo.

Los dulces volaron por los aires, y el Roba-Caramelos, sorprendido por la lluvia de caramelos, se distrajo. "¡No! ¡Mis dulces!" gritó mientras intentaba atraparlos.

Con un último esfuerzo, Draki se lanzó hacia el Roba-Caramelos y, con un golpe valiente, le hizo caer su bolsa llena de caramelos. "¡Halloween es para todos!" exclamó Draki.

Los otros dragones y los habitantes del reino aplaudieron, y el Roba-Caramelos, derrotado, huyó. Draki había salvado Halloween y, lo más importante, había enfrentado su miedo de volar.

Esa noche, el reino celebró una gran fiesta de Halloween. Había dulces, juegos y risas por todas partes. Draki se sintió orgulloso de haber ayudado y, por primera vez, voló alto en el cielo con sus amigos.

"¡Mira, Draki! ¡Estás volando!" gritaron ellos, llenos de alegría. "¡Eres un verdadero héroe!"

Draki sonrió, sabiendo que había superado su miedo y que siempre sería un dragón valiente en el corazón.

The Halloween Dragon

In a faraway kingdom, there lived a little dragon named Draki. Despite being a dragon, Draki was afraid of flying. His friends flew high in the sky, playing among the clouds and blowing fire with happiness, while he preferred to stay on the ground, watching enviously.

"Come on, Draki! Don't stay there! Fly with us!" his friends would say, but he always replied, "I can't! I'm scared!"

One day, the kingdom was preparing for Halloween. Everyone was excited about the big party, full of candies and games. However, a rumor began to spread through the kingdom: a villain named the Candy-Stealer was planning to steal all the sweets.

"If we don't do something soon, Halloween will be ruined," said the Queen, worried. "We need a hero!"

Draki heard the conversation, and his heart raced. He wanted to help, but his fear of flying held him back. However, seeing his friends worried, he made a decision.

"I'm going to help! Even though I'm scared, I can't let the Candy-Stealer ruin Halloween," he told himself.

Draki approached his friends and said, "I'm going to try to fly! I need you to help me." His friends smiled and cheered him on. Taking a deep breath, Draki ran to the edge of a cliff.

"One, two, three!" he shouted and jumped. At first, he felt like he was falling, but he remembered he had wings. He flapped with all his might and, to his surprise, began to soar into the air.

While flying, Draki spotted the Candy-Stealer, who was filling his bag with sweets. "Stop!" Draki shouted, trying to sound brave. The villain turned around, surprised.

"What do you want, little dragon?" sneered the Candy-Stealer.

"I won't let you steal Halloween candy," replied Draki, feeling a newfound confidence.

The Candy-Stealer shot a confusion ray that made Draki wobble in the air. However, the little dragon remembered the importance of Halloween and how everyone came together to celebrate. Fighting against his fear, Draki flew in circles, launching candies he had gathered from the ground.

The sweets flew through the air, and the Candy-Stealer, distracted by the candy rain, tried to catch them. "No! My sweets!" he shouted as he attempted to grab them.

With one last effort, Draki dove at the Candy-Stealer, and with a brave strike, knocked the villain's bag of candies away. "Halloween is for everyone!" Draki exclaimed.

The other dragons and the kingdom's inhabitants cheered, and the Candy-Stealer, defeated, fled. Draki had saved Halloween and, most importantly, faced his fear of flying.

That night, the kingdom celebrated a grand Halloween party. There were sweets, games, and laughter everywhere. Draki felt proud of having helped, and for the first time, he flew high in the sky with his friends.

"Look, Draki! You're flying!" they shouted, filled with joy. "You're a true hero!"

Draki smiled, knowing he had overcome his fear and would always be a brave dragon at heart.

La bruja olvidada

En un pequeño pueblo, vivía una joven bruja llamada Luna. A pesar de ser parte de una familia de poderosos brujos y brujas, Luna se sentía olvidada. Sus familiares estaban ocupados con sus propios hechizos y pociones, y a menudo la dejaban de lado. Mientras ellos volaban en sus escobas y celebraban, Luna se quedaba en casa, soñando con ser parte de su mundo mágico.

Un día, mientras el pueblo se preparaba para Halloween, Luna decidió que era hora de demostrar su valía. "Este año, quiero hacer la mejor celebración de Halloween," pensó. Pero no sabía por dónde empezar. Se sintió triste al darse cuenta de que no tenía a nadie con quien compartir sus ideas.

Mientras exploraba el bosque cercano, Luna se topó con un viejo libro de hechizos. "Quizás esto me ayude," se dijo. Abrió el libro y, al leer en voz alta un hechizo, sintió una chispa de energía recorrer su cuerpo. ¡Sus poderes mágicos despertaron! De repente, empezó a levitar un poco del suelo y a hacer flotar hojas en el aire.

"¡Esto es increíble!" exclamó Luna. Pero, aún así, se sintió sola.

Mientras practicaba sus nuevos hechizos, un grupo de niños del pueblo la vio. Al principio, se asustaron al ver a Luna levitando, pero pronto se dieron cuenta de que no era una bruja malvada, sino una bruja amable y divertida.

"¿Puedes enseñarnos a hacer magia?" preguntó una niña llamada Sofía, con ojos llenos de asombro. Luna sonrió por primera vez en mucho tiempo y aceptó encantada.

Luna y los niños comenzaron a preparar la fiesta de Halloween juntos. Hicieron decoraciones mágicas, como calabazas que brillaban y murciélagos de papel que volaban. Luna se sintió feliz al trabajar con ellos, y los niños aprendieron a hacer pequeños trucos mágicos.

"¡Esta será la mejor fiesta de Halloween jamás vista!" gritó un niño llamado Mateo. Luna sonrió, sintiendo que finalmente pertenecía a algo especial.

La noche de Halloween, el pueblo se llenó de risas y alegría. Luna, con su nuevo grupo de amigos, organizó juegos, cuentos de miedo y un concurso de disfraces. Todos estaban maravillados con las maravillas que habían creado juntos.

De repente, los padres de Luna llegaron. "¿Qué está pasando aquí?" preguntaron sorprendidos al ver a su hija tan feliz. Ella se acercó a ellos y les dijo: "¡He encontrado amigos y he aprendido a usar mi magia! ¡Quiero ser parte de esto también!"

Los familiares de Luna se dieron cuenta de que habían estado tan ocupados con sus propios asuntos que habían olvidado lo importante que era incluir a Luna. "Estamos orgullosos de ti, Luna," dijeron.

"¡Feliz Halloween!" gritaron todos, mientras las estrellas brillaban en el cielo y la risa llenaba el aire. Luna sonrió, sabiendo que nunca más se sentiría olvidada.

The Forgotten Witch

In a small village, there lived a young witch named Luna. Despite being part of a family of powerful witches and wizards, Luna felt forgotten. Her family was busy with their own spells and potions, often leaving her aside. While they flew on their brooms and celebrated, Luna stayed home, dreaming of being part of their magical world.

One day, as the village prepared for Halloween, Luna decided it was time to prove her worth. "This year, I want to throw the best Halloween celebration," she thought. But she didn't know where to start. She felt sad realizing she had no one to share her ideas with.

While exploring the nearby forest, Luna stumbled upon an old spellbook. "Maybe this will help me," she thought. She opened the book and, reading a spell aloud, felt a spark of energy coursing through her body. Her magical powers awakened! Suddenly, she began to float slightly off the ground and made leaves float in the air.

"This is amazing!" Luna exclaimed. Yet, she still felt lonely.

As she practiced her new spells, a group of children from the village saw her. At first, they were scared to see Luna floating, but soon realized she wasn't a wicked witch, but a kind and fun witch.

"Can you teach us to do magic?" asked a girl named Sofía, her eyes full of wonder. Luna smiled for the first time in a long while and happily agreed.

Luna and the children began preparing the Halloween party together. They made magical decorations, like glowing pumpkins and paper bats that flew. Luna felt happy working with them, and the children learned to do little magical tricks.

"This will be the best Halloween party ever!" shouted a boy named Mateo. Luna smiled, feeling like she finally belonged to something special.

On Halloween night, the village filled with laughter and joy. Luna, with her new group of friends, organized games, scary stories, and a costume contest. Everyone was amazed at the wonders they had created together.

Suddenly, Luna's parents arrived. "What's going on here?" they asked, surprised to see their daughter so happy. She approached them and said, "I've found friends and learned to use my magic! I want to be part of this too!"

Luna's family realized they had been so busy with their own matters that they had forgotten how important it was to include Luna. "We are proud of you, Luna," they said.

"Happy Halloween!" everyone shouted as the stars twinkled in the sky and laughter filled the air. Luna smiled, knowing she would never feel forgotten again.

El esqueleto bailarín

Cada Halloween, en un pequeño pueblo, un esqueleto llamado Ramón cobraba vida. Con cada golpe de campana a la medianoche, sus huesos tintineaban y comenzaba a moverse al ritmo de la música del viento. Ramón era un bailarín excepcional, con pasos tan elegantes que los fantasmas y las criaturas del bosque se detenían a mirarlo. Sin embargo, había un problema: nadie en el pueblo lo apreciaba. Cada año, los niños solo se preocupaban por sus propios disfraces y dulces, ignorando el baile del esqueleto.

Una noche, mientras Ramón bailaba solo en su tumba, sintió una punzada de tristeza. "¿Por qué no me ven? Quiero que alguien aprecie mis movimientos", pensó. Con un suspiro profundo, decidió que este Halloween sería diferente. ¡Iba a hacer todo lo posible para ser el centro de atención!

Ramón se acercó a un grupo de niños que organizaban una fiesta de Halloween en el parque. "¡Hola, niños! Soy Ramón, el esqueleto bailarín. ¿Puedo unirme a su fiesta?" les preguntó con entusiasmo. Pero los niños, asustados, gritaron y huyeron. Ramón se sintió desanimado, pero no iba a rendirse tan fácilmente.

Mientras caminaba por el pueblo, conoció a una niña llamada Clara. Ella era amable y valiente, y en lugar de asustarse, se quedó intrigada por el esqueleto. "¿Por qué estás triste, Ramón?" le preguntó. Ramón le contó su historia, y Clara, con una sonrisa, decidió ayudarlo. "¡Vamos a hacer que todos vengan a verte bailar en la fiesta!" dijo.

Clara y Ramón comenzaron a planear. Hicieron carteles coloridos que decían: "¡Vengan a ver al esqueleto bailarín en la fiesta de Halloween!" Clara se encargó de invitar a todos sus amigos, mientras Ramón practicaba sus mejores movimientos en el parque. Se sintió emocionado, pero también un poco nervioso. "¿Y si nadie viene a verme bailar?" pensó.

El día de la fiesta llegó, y el parque estaba decorado con luces y calabazas. Cuando los niños llegaron, Clara les dijo: "¡Hay una sorpresa especial esta noche!" A medida que caía la noche, Ramón apareció, brillando bajo la luna llena. Los niños se quedaron atónitos al ver al esqueleto bailarín.

Ramón comenzó a bailar, moviéndose con gracia y alegría. Sus huesos tintineaban como maracas, y todos los niños comenzaron a aplaudir. Los pasos de Ramón eran tan divertidos y sorprendentes que todos se unieron a él. ¡Era el momento más esperado de Halloween!

Esa noche, Ramón no solo se convirtió en el alma de la fiesta, sino que también encontró un nuevo grupo de amigos. Después de su actuación, los niños lo rodearon, pidiéndole que les enseñara a bailar. Ramón sonrió, sintiéndose querido y apreciado. "¡Gracias por darme la oportunidad de mostrar mis movimientos!" dijo, mientras el parque resonaba con risas y música.

A partir de ese año, cada Halloween, Ramón era el invitado especial de la fiesta. Ya no era solo un esqueleto que bailaba solo;

era el esqueleto bailarín que traía alegría a todos. Y así, Ramón aprendió que a veces, solo se necesita un amigo valiente para hacer que tus sueños se hagan realidad.

45

The Dancing Skeleton

Every Halloween, in a small village, a skeleton named Ramón came to life. With each toll of the bell at midnight, his bones rattled, and he began to move to the rhythm of the wind's music. Ramón was an exceptional dancer, with such elegant steps that ghosts and creatures of the forest would stop to watch him. However, there was a problem: no one in the village appreciated him. Every year, the children only cared about their costumes and candies, ignoring the skeleton's dance.

One night, while Ramón danced alone in his grave, he felt a pang of sadness. "Why doesn't anyone see me? I want someone to appreciate my moves," he thought. With a deep sigh, he decided this Halloween would be different. He would do everything possible to be the center of attention!

Ramón approached a group of children who were organizing a Halloween party in the park. "Hello, kids! I'm Ramón, the dancing skeleton. Can I join your party?" he excitedly asked. But the children, scared, screamed and ran away. Ramón felt discouraged, but he wasn't going to give up so easily.

While wandering through the village, he met a girl named Clara. She was kind and brave, and instead of being scared, she was intrigued by the skeleton. "Why are you sad, Ramón?" she asked. Ramón shared his story with her, and Clara, with a smile, decided to help him. "Let's make sure everyone comes to see you dance at the party!" she said.

Clara and Ramón started to plan. They made colorful posters that said: "Come see the dancing skeleton at the Halloween party!" Clara took charge of inviting all her friends while Ramón practiced his best moves in the park. He felt excited but also a little nervous. "What if no one comes to see me dance?" he thought.

The day of the party arrived, and the park was decorated with lights and pumpkins. When the children arrived, Clara said, "There's a special surprise tonight!" As night fell, Ramón appeared, shining under the full moon. The children stood amazed as they saw the dancing skeleton.

Ramón began to dance, moving with grace and joy. His bones rattled like maracas, and all the children began to clap. Ramón's steps were so fun and surprising that everyone joined him. It was the most anticipated moment of Halloween!

That night, Ramón not only became the life of the party, but he also found a new group of friends. After his performance, the children surrounded him, asking him to teach them how to dance. Ramón smiled, feeling loved and appreciated. "Thank you for giving me the chance to show my moves!" he said, as the park echoed with laughter and music.

From that year on, every Halloween, Ramón was the special guest at the party. He was no longer just a skeleton dancing alone; he was the dancing skeleton who brought joy to everyone. And so, Ramón learned that sometimes, all it takes is a brave friend to make your dreams come true.

La aventura del disfraz

Era la noche de Halloween, y un niño llamado Lucas estaba emocionado por su disfraz. Había pasado semanas eligiendo el disfraz perfecto. Finalmente, decidió vestirse como un valiente caballero. Con su armadura brillante, espada de juguete y un escudo que había decorado con calaveras, Lucas se miró en el espejo y sonrió. Pero lo que no sabía era que este disfraz tenía un poder mágico.

Mientras Lucas se preparaba para salir, sintió un extraño cosquilleo. De repente, ¡su disfraz brilló intensamente! Cuando el destello se desvaneció, Lucas miró a su alrededor y se dio cuenta de que no estaba en su habitación. ¡Se había transformado en un verdadero caballero! "¡Increíble!" exclamó, mientras miraba su armadura de verdad. Sin embargo, no tenía tiempo que perder; era hora de salir a buscar dulces.

Lucas salió a la calle y se encontró con sus amigos, que estaban disfrazados de monstruos y brujas. "¡Miren a Lucas, el caballero!" gritaron. Lucas, emocionado, levantó su espada de juguete. Pero justo en ese momento, un grupo de niños disfrazados de zombis lo empujaron accidentalmente, y Lucas se cayó al suelo. "¡Oh no, esto no es parte de la aventura!" se lamentó, tratando de levantarse.

Mientras seguía caminando, Lucas se topó con una casa decorada con telarañas y calaveras. Intrigado, decidió entrar. ¡Para su sorpresa, dentro había un dragón pequeño y triste! "¿Por qué estás tan triste, dragón?" preguntó Lucas. "He perdido mi escoba de Halloween y no puedo volar sin ella", respondió el dragón. Lucas, decidido a ayudar, le dijo: "¡No te preocupes! ¡Juntos la encontraremos!"

Lucas y el dragón salieron de la casa y comenzaron a buscar la escoba. Pasaron por varias casas, preguntando a los vecinos si habían visto la escoba. "¡Por favor, ayúdenos!" decía Lucas, mientras el dragón movía sus alas nerviosamente. Todos se reían de la extraña pareja, pero Lucas no se desanimó. Sabía que debía ayudar a su nuevo amigo.

De repente, mientras buscaban, Lucas se encontró con un grupo de niños que estaban llenando sus bolsas de dulces. "¡Vamos a un concurso de disfraces!" les gritaron. Lucas, emocionado por la idea, decidió unirse a ellos. Al instante, la magia del disfraz volvió a brillar, y Lucas se convirtió en el caballero más valiente del concurso. "¡Esto es increíble!" pensó, mientras desfilaba con confianza.

Mientras desfilaba, el dragón decidió hacer una aparición sorpresa. Con su pequeña llama, iluminó el camino, sorprendiendo a todos los niños. "¡Mira! ¡Es un caballero y un dragón!" gritaron. Lucas sonrió al ver la alegría en sus rostros. Pero en medio de la celebración, Lucas se dio cuenta de que todavía no habían encontrado la escoba.

Finalmente, al finalizar el concurso, una niña que había estado observando se acercó a Lucas. "Creo que tengo tu escoba", dijo, sosteniéndola en alto. Lucas se la dio al dragón, quien dio un salto de alegría. "¡Gracias, gracias! ¡Ahora puedo volar!" exclamó el dragón. "¡Vamos a celebrar!" dijo Lucas, mientras todos los niños comenzaron a bailar y a disfrutar de la noche de Halloween.

51

The Costume Adventure

It was Halloween night, and a boy named Lucas was excited about his costume. He had spent weeks picking out the perfect disguise. Finally, he decided to dress up as a brave knight. With his shiny armor, toy sword, and a shield he had decorated with skulls, Lucas looked in the mirror and smiled. But what he didn't know was that this costume had magical powers.

As Lucas was getting ready to go out, he felt a strange tingle. Suddenly, his costume shone brightly! When the glow faded, Lucas looked around and realized he wasn't in his room anymore. He had transformed into a real knight! "Incredible!" he exclaimed, admiring his real armor. However, he had no time to lose; it was time to go trick-or-treating.

Lucas stepped out into the street and found his friends, who were dressed as monsters and witches. "Look at Lucas, the knight!" they shouted. Excited, Lucas raised his toy sword. But just then, a group of kids dressed as zombies accidentally pushed him, and Lucas fell to the ground. "Oh no, this is not part of the adventure!" he lamented, trying to get back up.

As he continued walking, Lucas stumbled upon a house decorated with cobwebs and skulls. Curious, he decided to go inside. To his surprise, there was a small, sad dragon inside! "Why are you so sad, dragon?" asked Lucas. "I lost my Halloween broom, and I can't fly without it," replied the dragon.

Determined to help, Lucas said, "Don't worry! We will find it together!"

Lucas and the dragon left the house and started looking for the broom. They passed by several houses, asking the neighbors if they had seen the broom. "Please, help us!" Lucas would say, while the dragon nervously flapped its wings. Everyone laughed at the strange pair, but Lucas didn't get discouraged. He knew he had to help his new friend.

Suddenly, while searching, Lucas found a group of kids filling their candy bags. "Let's go to a costume contest!" they shouted. Excited by the idea, Lucas decided to join them. Instantly, the magic of the costume shone again, and Lucas transformed into the bravest knight in the contest. "This is amazing!" he thought as he paraded confidently.

While parading, the dragon decided to make a surprise appearance. With his little flame, he lit the way, surprising all the kids. "Look! It's a knight and a dragon!" they shouted. Lucas smiled as he saw the joy on their faces. But in the midst of the celebration, Lucas realized they still hadn't found the broom.

Finally, at the end of the contest, a girl who had been watching approached Lucas. "I think I have your broom," she said, holding it up high. Lucas handed it to the dragon, who jumped with joy. "Thank you, thank you! Now I can fly!" exclaimed the dragon. "Let's celebrate!" Lucas said, as all the kids began to dance and enjoy Halloween night.

Los dulces misteriosos

Era Halloween y un grupo de amigos: Sofía, Pedro, y Mateo, estaban emocionados por salir a recolectar dulces. Habían planeado su ruta para asegurarse de obtener la mayor cantidad de caramelos posible. Mientras caminaban, vieron algo extraño en la acera: un saco de dulces misteriosos que brillaban bajo la luz de la luna.

"¿Qué son esos caramelos?", preguntó Sofía, mientras se acercaban al saco. "No lo sé, pero parecen diferentes", dijo Pedro, con curiosidad. Mateo, siempre el más atrevido, decidió abrir el saco. Dentro, encontraron caramelos de todos los colores: rojos, azules, verdes y amarillos. "¡Vamos a probarlos!", exclamó Mateo.

Cada uno de los amigos tomó un dulce. Sofía eligió un caramelo rojo, Pedro uno azul, y Mateo uno verde. Al instante, comenzaron a sentir una extraña energía. Sofía pudo correr más rápido que nunca, Pedro descubrió que podía volar, y Mateo se convirtió en un maestro de la invisibilidad. "¡Esto es increíble!" gritaron juntos.

Mientras disfrutaban de sus nuevos poderes, se acordaron de la señora Rosa, la vecina que siempre decía que su casa estaba embrujada. "¿Qué tal si usamos nuestros poderes para descubrir el misterio de la casa de la señora Rosa?", sugirió Sofía. Todos estuvieron de acuerdo y se dirigieron a la casa.

Al llegar, Mateo usó su invisibilidad para acercarse sigilosamente. Sofía corrió alrededor de la casa para ver si había alguna entrada. Mientras tanto, Pedro, emocionado por volar, sobrevoló el tejado. Desde allí, vio que la ventana del ático estaba entreabierta. "¡Puedo entrar por ahí!" dijo.

Una vez dentro, Pedro se encontró con la señora Rosa. Ella estaba sentada en una silla, rodeada de cosas viejas y decoraciones de Halloween. "¿Quién está ahí?" preguntó con voz temblorosa. Mateo se asomó y dijo: "¡Somos nosotros, la pandilla! ¡No tengas miedo!" La señora Rosa sonrió. "¿Han venido a ayudarme?"

La señora Rosa les explicó que había perdido su sombrero de bruja, el cual era muy especial para ella. "Sin él, no puedo disfrutar de Halloween", dijo con tristeza. Sofía, emocionada, propuso: "¡Usaremos nuestros poderes para encontrarlo!"

Con sus habilidades especiales, comenzaron a buscar el sombrero en la casa. Sofía corrió rápidamente de habitación en habitación, mientras Mateo se volvía invisible para investigar los rincones. Pedro voló hacia el techo para ver si podía verlo desde arriba. Finalmente, escucharon un ligero ruido en el sótano.

Cuando bajaron al sótano, encontraron un pequeño ratón que estaba jugando con el sombrero de la señora Rosa. "¡Mira!", dijo Mateo, "el ratón lo tiene". Con cuidado, Sofía se acercó y le dijo al ratón: "¿Podrías devolver el sombrero, por favor?" El ratón, sorprendido, asintió y dejó caer el sombrero.

"¡Lo hemos encontrado!" gritaron todos. Regresaron triunfantes con el sombrero a la señora Rosa. Ella se emocionó tanto que les preparó un delicioso chocolate caliente como agradecimiento.

"Gracias, pequeños héroes. Ustedes han hecho de este Halloween el mejor de todos", dijo mientras sonreía.

Al final de la noche, Sofía, Pedro y Mateo regresaron a casa. Aunque sus poderes solo duraron una noche, habían aprendido que el verdadero poder estaba en la amistad y ayudar a los demás. "¿Dónde estará el saco de dulces misteriosos el próximo año?" se preguntaron, mientras se despedían.

The Mysterious Candies

It was Halloween, and a group of friends: Sofía, Pedro, and Mateo, were excited to go trick-or-treating. They had planned their route to collect as many candies as possible. As they walked, they saw something strange on the sidewalk: a bag of mysterious candies that shone under the moonlight.

"What are those candies?" asked Sofía as they approached the bag. "I don't know, but they look different," said Pedro curiously. Mateo, always the bravest, decided to open the bag. Inside, they found candies of all colors: red, blue, green, and yellow. "Let's try them!" exclaimed Mateo.

Each of the friends took a candy. Sofía chose a red one, Pedro a blue one, and Mateo a green one. Instantly, they began to feel a strange energy. Sofía could run faster than ever, Pedro discovered he could fly, and Mateo became a master of invisibility. "This is incredible!" they shouted together.

While enjoying their new powers, they remembered Mrs. Rosa, the neighbor who always said her house was haunted. "What if we use our powers to discover the mystery of Mrs. Rosa's house?" suggested Sofía. Everyone agreed and headed to the house.

Upon arrival, Mateo used his invisibility to sneak closer. Sofía ran around the house to see if there was any entrance. Meanwhile, Pedro, excited to fly, soared over the roof. From there, he saw that the attic window was slightly open. "I can go in through there!" he said.

Once inside, Pedro found Mrs. Rosa sitting in a chair, surrounded by old things and Halloween decorations. "Who's there?" she asked in a trembling voice. Mateo peeked in and said, "It's us, the gang! Don't be afraid!" Mrs. Rosa smiled. "Have you come to help me?"

Mrs. Rosa explained that she had lost her witch hat, which was very special to her. "Without it, I can't enjoy Halloween," she said sadly. Excited, Sofía proposed, "Let's use our powers to find it!"

Using their special abilities, they began searching the house for the hat. Sofía ran quickly from room to room, while Mateo became invisible to investigate corners. Pedro flew up to the ceiling to see if he could spot it from above. Finally, they heard a faint noise in the basement.

When they went down to the basement, they found a little mouse playing with Mrs. Rosa's hat. "Look!" said Mateo, "the mouse has it." Carefully, Sofía approached and said to the mouse, "Could you please return the hat?" The mouse, surprised, nodded and dropped the hat.

"We found it!" they all shouted. They returned triumphantly with the hat to Mrs. Rosa. She was so excited that she made them delicious hot chocolate as a thank you. "Thank you, little heroes. You've made this Halloween the best ever," she said with a smile.

At the end of the night, Sofía, Pedro, and Mateo returned home. Although their powers lasted only one night, they had learned that true power lies in friendship and helping others. "I wonder where the bag of mysterious candies will be next year?" they pondered as they said goodbye.

La fiesta de Halloween en el bosque

Era un hermoso día de otoño en el bosque. Los animales estaban emocionados porque se acercaba Halloween. La ardilla Clara, el conejo Ramón, y el búho Oliver decidieron que debían organizar una gran fiesta de Halloween. "¡Será la mejor fiesta de todas!", dijo Clara, saltando de felicidad.

Pero pronto se dieron cuenta de que necesitaban ayuda. "No sabemos cómo hacer una fiesta", dijo Ramón, rascándose la cabeza. "¡Necesitamos a alguien que conozca de fiestas!" Sugirió Oliver. Fue entonces cuando pensaron en Sofía, una niña que siempre visitaba el bosque y sabía mucho sobre celebrar Halloween.

Sofía llegó al bosque con su disfraz de bruja, lista para recolectar caramelos. Los animales la llamaron. "¡Sofía! ¡Necesitamos tu ayuda!" Ella sonrió y aceptó ayudarles. "¡Claro que sí! ¿Qué tienen planeado?" preguntó.

Los animales le explicaron que querían decorar el bosque, preparar comida deliciosa, y organizar juegos divertidos. "¡Eso suena genial!" dijo Sofía. Juntos, comenzaron a planear. Sofía llevó globos y serpentinas, mientras Clara y Ramón recolectaban hojas y calabazas.

Mientras decoraban, un fuerte viento comenzó a soplar. "¡Ay no! ¡Los globos están volando!" gritó Ramón. "¡Atrápenlos!" Sofía y los animales corrieron detrás de los globos, riendo y saltando.

Finalmente, lograron atraparlos y continuaron decorando el bosque.

Luego, necesitaban preparar la comida. Sofía sugirió hacer galletas de calabaza. "¡Pero necesitamos calabazas!" dijo Clara. "Voy a buscar algunas", dijo Oliver, que voló alto en busca de las mejores calabazas del bosque. Mientras tanto, Ramón y Sofía comenzaron a mezclar los ingredientes.

De repente, un monstruo travieso llamado Rufus apareció. "¿Qué están haciendo aquí?", preguntó con una sonrisa burlona. "¡Estamos preparando una fiesta de Halloween!" respondió Sofía. "¿Quieres ayudar?" Rufus se rió y dijo: "¡Sí! Pero solo si puedo hacer algunas travesuras." Los animales se miraron preocupados, pero decidieron darle una oportunidad.

Rufus hizo travesuras mientras ayudaba. Hizo que las galletas se inflaran como globos y pintó caras espeluznantes en las calabazas. "¡Eso es tan divertido!" gritó Ramón, riendo. A pesar de sus travesuras, todos se estaban divirtiendo mucho.

Finalmente, llegó la noche y la fiesta estaba lista. Las luces brillaban, las galletas estaban deliciosas y los juegos eran emocionantes. Todos los animales del bosque vinieron a la fiesta, y hasta Rufus se comportó bien.

La fiesta fue un gran éxito. Todos bailaron, comieron dulces y jugaron juegos divertidos. Sofía, Clara, Ramón, Oliver y hasta Rufus se rieron juntos. "¡Esta ha sido la mejor fiesta de Halloween del bosque!" exclamó Sofía.

The Halloween Party in the Forest

It was a beautiful autumn day in the forest. The animals were excited because Halloween was approaching. Clara the squirrel, Ramón the rabbit, and Oliver the owl decided they should throw a big Halloween party. "It will be the best party ever!" Clara said, hopping with joy.

But soon they realized they needed help. "We don't know how to throw a party," said Ramón, scratching his head. "We need someone who knows about parties!" Oliver suggested. That's when they thought of Sofía, a girl who always visited the forest and knew a lot about celebrating Halloween.

Sofía arrived in the forest wearing her witch costume, ready to collect candy. The animals called her. "Sofía! We need your help!" She smiled and agreed to help them. "Of course! What do you have planned?" she asked.

The animals explained that they wanted to decorate the forest, prepare delicious food, and organize fun games. "That sounds great!" said Sofía. Together, they began to plan. Sofía brought balloons and streamers while Clara and Ramón collected leaves and pumpkins.

As they decorated, a strong wind began to blow. "Oh no! The balloons are flying away!" shouted Ramón. "Catch them!" Sofía and the animals ran after the balloons, laughing and jumping.

They finally managed to catch them and continued decorating the forest.

Next, they needed to prepare the food. Sofía suggested making pumpkin cookies. "But we need pumpkins!" said Clara. "I'll go find some," said Oliver, who flew high to look for the best pumpkins in the forest. Meanwhile, Ramón and Sofía started mixing the ingredients.

Suddenly, a mischievous monster named Rufus appeared. "What are you doing here?" he asked with a cheeky smile. "We're preparing a Halloween party!" replied Sofía. "Do you want to help?" Rufus laughed and said, "Yes! But only if I can play some pranks." The animals looked worried but decided to give him a chance.

Rufus played tricks while helping. He made the cookies puff up like balloons and painted spooky faces on the pumpkins. "This is so much fun!" shouted Ramón, laughing. Despite his pranks, everyone was having a great time.

Finally, the night arrived, and the party was ready. The lights were shining, the cookies were delicious, and the games were exciting. All the animals in the forest came to the party, and even Rufus behaved well.

The party was a great success. Everyone danced, ate treats, and played fun games. Sofía, Clara, Ramón, Oliver, and even Rufus laughed together. "This has been the best Halloween party in the forest!" exclaimed Sofía.